ℓ121 6-1217

LETTRES
HISTORIQUES

A Mr D***
SUR LA NOUVELLE
COMEDIE ITALIENNE.

Dans lesquelles il est parlé de son Etablissement, du Caractere des Acteurs qui la composent, des Piéces qu'ils ont representées jusqu'à present, & des Avantures qui y sont arrivées.

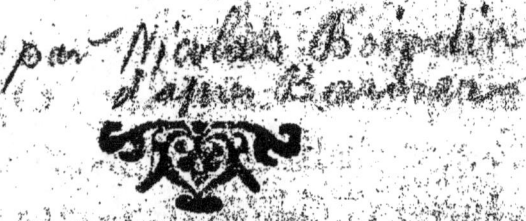

par Nicolas Boindin
d'après Boudran

A PARIS,

Chez PIERRE PRAULT, sur le Quay de Gêvres, du côté du Pont au Change, au Paradis.

M. DCCXVII.

AVEC PRIVILEGE DU ROY.

pression étrangere dans aucun lieu de nôtre obeïssance; à la charge que ces presentes seront enregistrées tout au long sur le Registre de la Communauté des Libraires & Imprimeurs de Paris & ce dans trois mois de la date d'icelle; que l'Impression desdites Lettres Historiques sera faite dans nostre Royaume & non ailleurs en bon Papier & en beaux Caracteres, conformement aux Reglemens de la Librairie; Et qu'avant que de les exposer en vente, il en sera mis deux Exemplaires dans nostre Bibliotheque publique, un dans celle de nostre Chasteau du Louvre, & un dans celle de nostre tres-cher & feal Chevalier Chancelier de France le Sieur Daguesseau, le tout à peine de nullité des presentes; Du contenu desquelles vous mandons & enjoignons de faire joüir l'Exposant ou ses ayans cause pleinement & plaisiblement, sans souffrir qu'il leur soit fait aucun trouble ou empeschement; Voulons qu'à la copie desdites Presentes qui sera jmprimée au commencement ou à la fin desdites Lettres Historiques, foy soit ajoutée comme à l'Original. Commandons au premier nostre Huissier, ou Sergent, de faire pour l'execution d'icelles tous Actes requis & necessaires sans demander autre Permission, & nonobstant Clameur de Haro, Charte-Normande & Lettres à ce contraires; Car tel est nostre plaisir Donné à Paris, le quatriéme jour du mois de May, l'an de grace mil sept cens dix-sept, & de Regne le deuxiéme. Par le Roy en son Conseil. FOUQUET.

Regiſtré ſur le Regiſtre IV. de la Communauté des Libraires & Imprimeurs de Paris, page 151 No. 180. conformement aux Reglemens & notamment à l'Arreſt du Conſeil du 13. Aouſt 1703 à Paris le 13. May 1717. DELAUNE Sindic.

·LETTRES

HISTORIQUES.

A Mr D***

Sur la Nouvelle

COMEDIE ITALIENNE.

A PARIS,

Chez PIERRE PRAULT, fur le Quay
de Gêvres, du côté du Pont au
Change au Paradis.

M. DCCXVII.

Avec Privilege du Roy.

LETTRES HISTORIQUES.

A Monsieur D***.

Sur la Nouvelle Comedie Italienne.

PREMIERE LETTRE

A Monsieur D***.

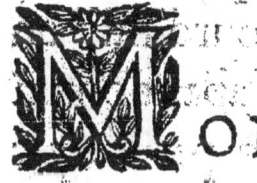ONSIEUR,

VOUS avez raison de vous mettre de mauvaise humeur contre vos affaires, de ce que vous retenant dans la Province, elles vous privent des plaisirs qui se trouvent à Paris; particulierement de la veüe des spec-

A

tacles dont vous avès toûjours fait
vos plus agréables amusemens : pour
vous en consoler, vous me témoi-
gnez souhaiter que je vous instruise
particulierement de ce qui se passe
par rapport à la nouvelle Comedie
Italienne, justement dans le temps
que je commençois d'en faire un
journal ; ainsi, comptés que vous
serés satisfait à cet égard autant qu'il
dépendra de moy ; car j'y vais tra-
vailler avec tant d'attention & de
plaisir, que j'espere que vous en serés
content.

Il y a quelques mois que je fis le
projet que j'execute aujourd'huy en
vôtre faveur, mais je l'abandonnaï
bientôt, parce qu'il me parut que
l'Auteur du Mercure Galand alloit
donner un d'étail des Comedies Italiennes, qui pourroit tenir lieu de ce
que j'avois projetté ; mais comme
cet Auteur n'a pas executé ce qu'il
avoit promis, je vais tâcher d'y sup-
pléer. Je vous parleraï d'abord de

l'établissement du nouveau Théâtre
Italien ; des Acteurs qui le composent ; & successivement de toutes les
Comedies qui y ont été réprésentées.
Je vous rapporterai aussi, tout ce qui
sera arrivé de singulier dans ce spectacle: pour ne pas allonger ce préam-
bule de mon dessein, j'en viens à
l'éxecution.

ETABLISSEMENT

Du nouveau Théatre Italien.

ON avoit toûjours esperé que le
Théatre * de la Comedie Italienne subsistant , & la grandeur de
Paris exigeant plus de spectacles qu'il
n'y en avoit depuis l'expulsion des
derniers Comediens , on les rem-
placeroit enfin par de nouveaux en
faveur du Public. S. A. R. Mon-
seigneur le Duc d'Orleans Regent
attentif à trouver les moïens qui
peuvent faire quelque plaisir aux
Peuples , donna ordre de chercher

* Dressé dans l'Hostel de Bourgogne.

en Italie autant d'excellens Comediens qu'il en falloit pour composer une troupe complete : Comme tous les Etrangers font remplis de l'jdeé qu'on leur a donné , avec raison , des avantages qui fe trouvent en France, cette Troupe fût bientôt formée , & arriva à Paris au mois d'Avril 1716. Tous les Acteurs aprês avoir pris les arrangemens que demande leur profeffion , firent fçavoir qu'ils êtoient prêt de commencer leur carriere : mais comme la Sale de l'Hôtel de Bourgogne n'êtoit pas encore en êtat, Monfeigneur le Duc d'Orleans , pour fatisfaire à l'empreffement du Public , leur donna la Permiffion de Jouer fur le Théatre du Palais Royal , les jours qu'il n'y auroit pas d'Opera. Ce fut le 18 , May 1716 , qu'ils y répresenterent pour la premier fois ; & le 20 du même mois , leur établiffement fut annoncé par une Ordonnance du Roy.

ACTEURS.

Du nouveau Théatre Italien.

LA Nouvelle Troupe Italienne est composée d'onze Personnages tant Acteurs qu'Actrices. Voicy leurs Noms de Théatre, de Famille & leurs Païs.

Noms de Théatre.	Noms de Famille.	Païs.
Lelio, premier amoureux.	*Luigi Riccoboni*	de Modene.
Mario, second amoureux.	*Gioseppe Balletti*	de Monaco, né en Baviere.
Arlequin.	*Thomaso Vicintini.*	de Venise.
Pantalon, pere	*Pietro Alborghetti.*	de Venise.
Le Docteur, pere.	*Franscesco Materazzi.*	de Boulogne.
Scapin, intriguant.	*Giouannino Bissoni.*	de Boulogne.
Scaramouche.	*Giacopo.*	de Naple.
Flaminia, 1re. amoureuse.	*Helena Balletti.*	de Ferrare.
Silvia, 2me. amoureuse.	*Giouanina.*	de Toulouze.
Violetta, Servante.	*Margarita Vicintini.*	de Boulogne.
La Cantatrice.	*Ursula.*	de

Voilà, comme vous voïès, une Troupe aſſez nombreuſe, pour remplir un Théatre, ſuppoſé que les perſonnages qui la compoſent, ſoient capables de ſoutenir leurs Rôlles avec les enjouëmens & les vivacités que demandent les Pieces Italiennes. Vous en pourés juger par leurs Portraits que voici.

LELIO : fils d'un Comedien, eſt d'une taille avantageuſe & ſeroit aſſez bien fait s'il n'ètoit pas un peu *enſellé*, il luy manque des graces Françoiſes : mais on eſpere que dans la ſuite il pourra les acquerir ; il à dans la phiſionomie un air ſombre trés propre a peindre les paſſions triſtes ; il n'exprime pas ſi bien la jôye, & a un tic dans les yeux qui fait que ſon regard trace perpetuellement un demi cercle ſur le Théatre ; quand il faut caracteriſer les paſſions outrées, il réuſſit à merveille : il n'en eſt pas de même de celles qui ſont moins marquées, & ou le Comedien doit étaler son Art, sur tout dans les Sçenes de tendresse ou il affecte un ton piteux qui n'est pas du goût de bien des gens. Son Dialogue est aisé, mais il ne se met pas souvent en dépenses d'esprit, peut-être est-ce pour mieux faire s'entir le reste. Les mauvais plaisans disent de luy que c'est un fort bon Comedien battu a froid.

MARIO est frere de Flaminia, sa figure est assez jolie, mais il a les hanches trop hautes; il marche mal & ne parle (s'il m'est permis de hazarder cette expression) que *par courbettes*; au surplus son jeu est leger, il a le ris gracieux, & parle trés distinctement.

ARLEQUIN, selon la voix publique, est un des meilleurs Arlequins qui ayent parû en France, on prétend même, que toute l'Italie n'en peut montrer encore un qui soit aussi excellent; pour moy qui n'ay pas veu le fameux Dominique, j'avoüeray que l'jdeé que je m'ètois faite

d'un bon Arlequin, n'a été remplie
que par celuy-cy, Il eſt petit & bien
pris dans ſa taille ; on peut aſſurer
qu'il jouë de ſource, c'eſt-à-dire que
le Bouffon jngenieux , le plaiſant
vif & piquant , paroiſſent être en
luy tout à-fait naturels ; il a des graces naïves qui ſont jnimitables, enfin
c'eſt un pantomime parfait qui excel-
le ſur tout, dans tout ce qui s'appelle
balourderie. Comme c'eſt à la nature
ſeule qu'il doit le dégré de perfection
où il eſt , nous n'avons rien à deſirer
ſinon qu'il s'en tienne aux merveil-
leux talens qu'elle luy à donnés, &
qu'il mépriſe les preceptes de l'Art,
qui ne ſerviroient qu'à le faire deſ-
cendre. J'oubliois de vous dire que
ſa voix deplut d'abord, parce qu'on
étoit accoûtumé à celle de nos
Arlequins François qui imitent le
Perroquet ; mais celui-ci nous a tirés
de cette erreur, ainſi que de bien
d'autres , & l'on eſt convenu qu'il
l'avoit telle qu'il la devoit avoir ,

j'entends fort belle & suceptible de toutes les inflexions necessaires.

PANTALON est un grand homme sec, dont les gestes & le jeu sont uniformes ; il parle un jargon Venitien, qu'il est presqu'impossible d'entendre ; ce qui est pourtant de certain c'est qu'on m'a assuré que celuy qu'on à veu autrefois sur ce Théatre ètoit bien éloigné de le valoir. Il joûë prèsque toûjours dans l'habillement de noble Venitien, & sous le masque.

LE DOCTEUR. C'est un gros homme court, marquant plus de vivacités qu'on n'en doit attendre d'un homme âgé de soixante ans. Il a le débit libre & aisé, & l'expression fort bonne ; cependant il ne plaît pas à tout le monde ; mais rendons luy justice ; ce n'est peut-être pas tout-à-fait sa faute ; faut il s'attendre que la figure d'un Docteur puisse s'attirer l'approbation de tous ceux qui le voïent ? les femmes qui font du moins la moïtié du monde

& même ia moitié la plus perfuafive & la plus engagente, ne regarde point d'auffi bon œil ces fortes de gens que ceux qui comme *Lelio* & *Mario* paroiffent d'ordinaire avec un étalage qui orne bien plus une figure que ne font un grand Chapeau, une Fraife, & tout le refte de l'Attirail d'un Pedant : nôtre Docteur ne neglige rien pour captiver la bien veillance du Public; mais quoy qu'il faffe, bien des gens s'obftinent à ne vouloir pas trouver le mot pour rire dans tout ce qu'il dit; il n'y a que les bons connoiffeurs qui rendent juftice à fon mérite.

SCAPIN, on dit qu'il a été maître d'Hôtel de Monfieur Albergotti; que s'étant retiré de fon païs, pour des raifons qui me font inconnuës, il fe fit partifant; apparemment il ne fit pas fortune dans ce métier qui en enrichit tant d'autres; car il fe reduifit à époufer une Comedienne & enfuite a fe faire Comedien luy même,

Il passe chez quelques personnes pour un des meilleurs *Zanis* de l'Italie ; je me veux un mal mortel , de n'avoir pas la prétenduë finesse de leur goût ; mais semblable au bon Sancho , qui se rapportoit pieusement à Dom-Quichotte de la beauté de Dulcinée , je trouveraï , s'ils le veulent , une legereté & des graces infinies dans son jeu ; je me feraï violence jusqu'au point de convenir avec eux que son action est si vive qu'elle remplit agréablement le Théatre ; je croy pourtant que je puis oser soûhaiter que son visage prît quelque part dans ce que sa bouche exprime. Au reste, c'est un gros homme de bonne mine , qui a le son de la voix assez beau , & qui parle tres distinctement ; il jouoit en Italie sous le masque : aprés en avoir essaïé icy il y a renoncé.

S c a r a m o u c h e n'est ni bien ni mal fait, son visage est gros & rouge , & il parle du gosier. On dit qu'il avoit une Charge à Naples, que

l'inclination qu'il a pour le Théatre la
luy a fait quitter pour venir joüer la
Comédie en France. Qu'il soit bon
Comedien ou non, nous luy avons
bien de l'obligation d'avoir fait un
tel sacrifice pour nous venir divertir. Si l'on pouvoit perdre l'idée de
l'ancien Scaramouche, peut être
prendroit-on plus de plaisir à voir
celuy-cy.

FLAMINIA Epouse de Lelio,
est bien faite, mais fort maigre ; c'est
une femme de beaucoup d'esprit &
grande Comedienne ; une preuve
de son bel esprit, c'est qu'elle a
merité d'être, & est en effet de
quatre Academies, sçavoir, de
Rome, de Ferrare, de Boulogne
& de Venise, elle a plusieurs belles
connoissances acquises ; & celle de
son merite semble ne luy être point
échapée. Elle joüe ses Rôlles en perfection, on ne peut pas entrer mieux
qu'elle fait dans les sentimens qu'ils
éxigent. Elle est non seulement tres-

habiles pour exprimer ces sentimens,
mais elle peut encore par son esprit
en produire autant de convenables
qu'il luy plaît : bien inventer & bien
exprimer, c'est ce qu'on peut demander de plus essentiel & de plus im-
portant a une Actrice ; cela s'appelle
être ensemble & sur le champ bon
Auteur & bon Acteur , talens tres
rares! Comme il n'est point d'Acteur
parfait, Flaminia n'est pas sans de-
fauts ; par exemple, elle a la voix
aigre & par consequent désagreable,
& je voudrois qu'elle pût se deffaire
d'un air de capacité, qui ne plaît
pas ; il seroit encore a souhaiter
qu'elle parlast moins viste, en faveur de ceux qui ne sçavent que
médiocrement l'Italien , dont le
nombre est assurément le plus grand
entre les Spectateurs.

SILVIA, Cousine-germaine de
Flaminia, est fort jeune, puis qu'elle
n'a que dix-sept ans ; elle est fille
d'un Comedien Italien, qui étant

devenu aveugle, fut obligé de quitter le Théatre. La profession de
Comedien étant tres infructueuse en
Italie, il s'est trouvé dans la necessité
de suivre Silvia en France , avec le
reste de sa Famille, composée de deux
garçons & de deux autres filles. La
tendresse & l'amitié qu'elle à pour
eux fait bien augurer a tout le monde
de la bonté de son cœur , elle est
fort bien faite, & paroist assés jolie
sur le Theatre ; son jeu est tout à fait
noble & elle entre vivement dans la
passion ; son action en dit plus que
ses discours , qui ne sont pas assez
variez. Pour étre une excellente
Actrice , il ne luy manque que le
Dialogue de Flaminia ; on espere
qu'avec un peu de soin & plus de
pratique, elle poura parvenir a cette perfection.

VIOLETTA n'est pas jolie , elle
est fort vive & ses vivacitez sont du
goust de bien des gens. Pourvû
qu'on soit toûjours attetif à ne luy

donner que les Rôles qui luy con-
viennent, elle & les Spectateurs feront également contens.

LA CANTATRICE. Elle n'est
ny bien faite ny jolie. Je ne puis
goûter fa voix, & fa façon de chanter
n'est pas plus de mon goût; je vous
dis mon fentiment fur le chapitre de
cette femme avec d'autant plus de
liberté qu'il m'a paru jufqu'a prefent
que celuy du Public est tres confor-
me au mien. Fabio fon mari est icy
avec elle; cet homme, à ce qu'on
dit, est le fils d'un fameux Marchand
de Venife, qui étant devenu amoureux d'elle, & ayant appris que fon
pere vouloit le faire enfermer à caufe
de fon amour, il fe retira de Venife
avec elle & l'époufa enfuite.

Voilà Monfieur tout ce que j'ay a
vous dire de cette Troupe en general
& de chaque Acteur en particulier;
car je ne mettray pas de ce nombre, fuivant l'erreur publique, un
prétendu Aumônier, à qui on m'avoit

B

donné ce titre que parceque le ha-
zard l'a fait trouver avec eux dans
les mêmes Voitures, & qu'il conti-
nuë de les frequenter. Je vais vous
parler à présent des Pieces qu'ils ont
joüées & de ce qui s'est passé à leurs
representations.

COMEDIES ITALIENNES.

Joüées pendant le mois de May 1716.

AVANT que d'entrer dans le
détail de leurs Comedies, je
juge à propos de vous en parler en
general. Ils en admettent de trois sortes:
les Pieces d'intrigues ; les Pieces de
caractéres & les Pieces de fatigue.

Je n'entreray point avec vous
dans l'explication des Pieces d'intrigues & de caractéres, ne doutant
point que la connoissance que vous
avez du Théatre ne vous en ait du
moins aussi bien instruit que moy ;

Je vous diray seulement qui si l'on veut s'en rapporter au sentiment de Lelio, les premieres sont *les plus difficilles* à composer *& les plus ingenieuses*; & que celles de Caracteres, encore selon luy, sont faites plûtost en veuë d'entrer dans le goût des Spectateurs pour leur plaire, que pour donner de la reputation aux Auteurs. Aussi n'en ont ils joüé que quelques unes de ce second genre que Lelio a composées, à ce qu'il dit, à l'imitation de Moliere, *connoissant que la nation Françoise d'un esprit naturellement vif, ne peut s'assujettir à passer trois heures au Theatre dans une attention continuelle, pour écouter une Comedie d'intrigue, & faire d'un temps d'amusement, un temps d'étude & d'application fatiguante.* Cependant l'attention & l'applaudissement que nous donnons également aux Pieces d'intrigues & de caracteres de nos meilleurs Auteurs, prouvent que si quelques unes tombent, il y a apparence

que c'eſt la faute des Auteurs & non,
pas par nôtre Inatention.

Quand aux Comedies de fatigue,
ce ſont des Pieces *amphibies* qui ne
tendent qu'à faire briller un Acteur,
mais qui luy donnent en même
temps beaucoup de travail , en ce
qu'il eſt obligé d'occuper preſque
toute la Sçene ; c'eſt de la ſans doute,
qu'on leur à donné le nom de fatigue.

Il eſt à propos que je vous diſe
encore , que les ſentimens du Public
ſur les Acteurs , ont beaucoup varié.
Le premier jour qu'ils joüerent ,
Pantalon paſſa pour le plus excellent
de tous ; mais l'uniformité qu'on
trouva depuis dans ſes geſtes & dans
ſon jeu, fit bientôt revenir de cette
prevention. Comme il falloit pourtant au Public un ſujet d'admiration,
il crut avoir mieux rencontré dans
Lelio; ce fut donc luy qui ſucceda à
Pantalon. Les loüanges furent ſi outrées ſur ſon chapitre que non ſeule-
lement on le mettoit au deſſus de

l'Arlequin : mais on ne craignoit pas
de dire que le Théatre François n'a-
voit jamais eu un Acteur qui en ap-
prochaft. Le regne de Lelio fut à
la verité plus long que n'avoit efté
celuy de Pantalon, mais enfin il à
efté obligé de céder à Arlequin, &
à Flaminia la place éminente qu'il
tenoit dans l'efprit du Public, & ceux
cy femblent l'avoir partagée felon la
Coûtume de Normandie, ou comme vous fçavez les mâles ont les
trois quarts. Tout cela fert a prouver
qu'on ne doit faire aucun fond fur
des jugemens precipitez & que nous
devons alors nous deffier de nos
propres lumieres. Ce qu'il y à de
plus facheux pour Lelio, c'eft que
fes plus zélez admirateurs fon pré-
fentement fi honteux de s'eftre
trompez fur fon chapitre, que de
dépit ils exagerent autant fur les
deffauts de cet Acteur qu'ils exage-
roient fur fon merite & fes talens;
de forte qu'en voulant prouver qu'ils

font revenus de leurs erreurs, ils
prouvent feulement qu'ils font tom-
bez dans une autre, en luy trouvant
plus de deffauts qu'il n'en a effecti-
vement.

En voila ce me femble affés, paffons au détail des Comedies.

Ce fût fur le Théatre du Palais
Royal, & le 18 May 1716. que les
nouveaux Comediens Italiens pa-
rurent publiquement pour la premiere fois. *l'Heureufe Surprife* étoit
le titre de la Piece qu'ils reprefen-
terent. l'Affemblée fût des plus nom-
breufes, &, chofe fort fingulieres à
deux heures aprés midy il n'y avoit
plus de place, pas même au Partere.

Tout ce que je puis vous apprendre de la Piece, c'eft qu'elle étoit
faite également pour les Acteurs &
les Spectateurs, je veux dire qu'elle
convenoit à ceux qui reprefentoient
pour la premiere fois fur un Théatre,
& à ceux qui venoient pour la premiere fois les voir réprefenter : vous

jugez bien qu'il ne s'agiſſoit pas dans
cette premiere répreſentation d'une
Comedie reguliere, & conduite dans
toutes les regles de l'Art ; outre
qu'on n'éxige point abſolument cela
des Italiens, ainſi qu'on le fait des
François qui tendent à la vraye perfection du Théatre; c'eſt qu'à lors ils
avoient droit de conjecturer, qu'ils en
étoient plus que jamais diſpenſez ;
ils jugeoient bien, dis-je, qu'on étoit
venu ce jour-là particulierement
pour examiner leurs figures, leurs
geſtes, leurs manieres de joüer, &
pour les mettre en comparaiſon avec
ceux qu'ils ont remplacez; auſſi en
même temps qu'on ne les épargnoit
pas, & qu'on les étudioit pour en
juger ſans miſericorde, étoient-ils
extremement attentifs, pour ne
donner aucune priſe a la ſeverité de
cet examen & de cette comparaiſon.
Les ſentimens à la verité furent par-
tagez, mais pourtant de telle ſorte,
que les ſuffrages favorables, l'em-

porterent sur les autres. C'est à propos de cette varieté de suffrages,
que bien des gens qui ne sont point
Comediens, ne l'aisserent pas de
me donner ce jour la une espece de
Comedie qui me divertit fort, & je
puis vous assurer que j'ay joüi du
même plaisir à toutes les répresen-
tations où je me suis trouvé. Voici
en quoy il consistoit.

J'y ay toûjours eû pour voisins
quatre differente sorte de gens. Les
uns, qui ne sçachant point du tout
d'Italien, avoüoient de bonne foy
ne le point scavoir, les autres qui en
sçachant quelque peu vouloient cependant faire croire qu'ils l'entendoient parfaitement, d'autres qui
faisoient fort les mécontens, quoy
qu'ils ne laissassent pas de rire pendant
tout le cours des Pieces; & d'autres
enfin qui trouvoient ces Italiens si
fort de leur goust, qu'ils soutenoient
qu'immanquablement le Théatre
des ComediensFrançois deviendroit

fi defert qu'il ne fourniroit plus de
quoi alimenter , même fobrement ,
les Acteurs qui joüiffent d'une part
entiere; Le Parterre des Italiens manque rarement de ces quatre fortes de
perfonnages.

Les premiers , je veux dire , ceux
qui ignorent la Langue italienne, &
qui avoüent l'ignorer , rient d'ordinaire une fois plus que les autres ; ils
rient d'abord, parce qu'ils voient rire;
enfuite ils demandent pourquoi on
a ri ; après l'avoir appris , ils rient
une feconde fois , mais plus judi-
cieufement, puifque c'eft avec con-
noiffance de caufe. Ces Rieurs peuvent divertir , il eft vrai par leurs ris;
mais il eft encore plus vrai qu'ils font
fort importuns par leurs queftions
éternelles ; car en demandant l'explication de ce qu'on dit , ils empê-
chent d'entendre & de fuivre le fil
de la Piece.

Les feconds, font ceux qui fçachant
quelque peu d'Italien, veulent faire

C

les capables , & par cette folle & vai-
ne oftentation donnent gratuite-
ment auPublic un échantillon de leur
ridicule ; il eft fort plaifant de voir ,
qu'avec quelques, *Signor fi*, *Signor no*,
quelque *Voffignoria* & d'autres mots
Italiens auffi recherchés que ceux-là
qu'ils jettent à tort & à travers , ils
croyent en impofer.

Si cependant quelque Curieux
vient à les queftionner, pour en obte-
nir l'intelligence de quelques mots,
leur explication apprefte alors bien à
rire. S'ils connoiffent qu'ils ont affaires à de plus habiles qu'eux , ils fe
gliffent fecretement dans la foûle, &
s'échapent pour aler regenter ailleurs

Quant aux troifiémes , j'entends
ceux qui marquent du mécontentement, après avoir ri, prefque fans dif-
continuation, & du meilleur de leur
cœur; j'ofe dire qu'il faut qu'ils foient
bien ennemis d'eux mêmes, pour fe
mettre ainfi de mauvaife humeur
contre ce qui leur a donné tant de

plaisir. Je connois un homme d'esprit de ce carractere. Il va souvent
aux Italiens. Toutes les fois qu'il en
est de retour, il commence par trai-
ter les Comedies de ridicules, de
fades, d'impertinentes, & d'indignes
d'amuser un instant d'honnêtes gens;
ensuite les Comediens de Farceurs,
de Basteleurs, qui sont tout au-plus
propres pour divertir la plus vile Po-
pulace. Quand il a épuisé son fiel,
& que je le vois dans un état plus
tranquile, je lui demande le sujet & le
détail de la Piece. Il faut voir avec
quel épanoüissement il le fait : il se
tient les costés à force de rire, en
me representant les postures, & me
repetant les bons mots qui l'ont le
plus chatoüillé ; & qui sont quelque-
fois en si grand nombre, qu'il me
paroist qu'on n'y devoit pas trouver
le moindre vuidé de plaisanteries. Je
vous avoüe qu'il ne m'est pas possible d'acorder ces descriptions avec
tout ce qu'on luy entend dire pour

marquer son mécontentement.

Venons aux quatriémes , qui font
ceux qui s'imaginent que ce nouveau
Théatre Italien , caufera la deftruc-
tion du Théatre François ; il faut
avoüer de bonne foy , que le Public
ne doit être guere obligé à ceux qui
ont une pareille imagination ! encore
fi l'on fe contentoit de dire que les
charmes de la nouveauté pourront
diminuer le nombre des Spectateurs
de la Comedie Françoife , paffe ;
mais pretendre que les Pieces Italiennes qui , après tout , ne tendent
qu'à amufer fimplement , couleront
à fond celles de Corneille , de Moliere , de Racine & de tant d'autres
Auteurs qui travaillent précifément
dans toutes les regles de l'Art, donnent ce qui eft le plus capable de
plaire aux yeux , de contenter l'efprit , & de toucher le cœur ; préten-
dre , dis-je , qu'on prendra tant de
goût aux Arlequins , aux Pantalons ,
aux Scapins & qu'on ne pourra plus

voir qu'avec dégoût, les Ponteüil, les Beaubourg, les Quinaut & plu- fieurs autres Acteurs, dont eft com- pofée la Troupe Françoife, ce font là des prétentions très déraifonnables & fort injurieufes au goût François. Si je m'abandonnois à tout ce qui me vient dans l'efprit à cet égard, je ferois un parallele plus long, que n'eft celuy des Anciens & des Moder- nes, & qui me conduiroit au de-là des bornes que je me fuis prefcrites: paffons donc à d'autres chofes.

Depuis la nouvel'e Comedie, prefque tout le monde projette d'ap- prendre l'Italien ; auffi les Maiftres de cette Langue s'attendent-ils de fe mettre fur le bon pied. Les Libraires remuënt leurs magazins pour en tirer bien des Livres Italiens qui, *fembla- bles au Fonds fechoient dans la pouffiere.* Ils en font devenus fi fiers, qu'ils prefentent un Livre Italien tel qu'il foit avec autant de fuffifance, qu'ils vendroient le Livre le plus rare & le

plus recherché. Les Dictionnaires,
les Methodes, & autres Oeuvres de
Veneroni restent si peu dans leurs
Boutiques qu'à peine les Relieurs
peuvent-ils les en fournir. Entre nous
ils font bien de se presser de mettre
à cet égard les morceaux en double;
car l'agrément de la nouveauté passe trop viste pour pouvoir se flatter
raisonnablement d'y fonder un avantage de longue durée. Retournons
a nos Comedies.

Arlequin bouffon de cour. C'est la
deuxiéme Comedie; elle fût joüée
sur le Théatre du Palais Royal le 20
May 1716. en voici le sujet en abregé.

Le Roy aime Flaminia, & Flaminia n'aime que Lelio favory de ce
Roy, & en est aimée. La faveur de
Lelio cause de la jalousie aux Ministres; c'est pourquoy ils cherchent
l'occasion de le perdre. Pour cela,
s'étant apperçeus de l'amour de Lelio
pour Flaminia, ils en avertissent le
Roy. Ce Prince marquant qu'il ne

pouvoit se resoudre à les croire, sur
leur simple parole, ils s'offrent de
luy en donner des preuves incontes-
tables. Lelio qui s'apperçoit qu'on
trame quelque chose contre luy, in-
troduit a la cour, Arlequin, sous le
titre de Bouffon sourd & muet. Arlequin se fait aimer du Roy par ses
plaisanteries ; & comme on le croit
sourd & muet, il a ses entrées par
tout, sans qu'on se défie de luy ; de
sorte qu'il est en état de tout sçavoir.
Les Ministres pour prouver au Roy
la verité de ce qu'il ont avancé contre Lelio, donnent à ce Prince plusieurs avis qui se trouvent toûjours
faux, par les soins qu'Arlequin prend
d'avertir son Maistre de tout ce qui
se fait contre luy. Entre plusieurs
intrigues, en voicy deux qui m'ont
paru les plus interessantes.

Les ennemis de Lelio conseillent
au Roy de luy proposer un employ
a l'Armée, esperant que ne voulant
pas s'éloigner de sa Maistresse, il le

refufera, & que ce fera une preuve
de fon amour. Arlequin entend ce
projet ; & comme Lelio entre , il
veut l'en inftruire voicy le ftratagê-
me dont il fe fert pour y reuffir. Il
va faire des fingeries autour du Roy,
& luy bourdonne aux oreilles ; il en
fait autant à tous les Miniftres en les
bâtonnant raifonnablement ; il s'ap-
proche enfuite de Lelio ; mais au lieu
de luy bourdonner aux oreilles comme il a fait aux autres , il fe fert de
ce temps pour luy dire , qu'il ne rif-
quera rien en acceptant l'Employ que
le Roy va luy propofer; par ce que ce
n'eft qu'une feinte pour l'éprouver. Il
fuit l'avis d'Arlequin. le Roy voyant
donc que Lelio accepte fans balan-
cer cet employ , accufe fes Miniftres de trahifon envers un homme
qui ne leur a jamais fait aucun mal.
Voicy l'autre intrigue.

Ces mêmes ennemis de Lelio,
ne fe rebutant point , perfuadent au
Roy que pour eftre fûr des veritez

qu'ils ont avancées, il n'a qu'à le
mener fous les feneftres de Flaminia,
& après s'eftre caché, obliger Lelio
de luy parler d'amour. Vous verrez.
Sire, ajoûtent-ils, qu'elle y repon-
dra comme une perfonne qui l'aime
& qui en eft aimée ; Arlequin qui ne
peut trouver Lelio, pour l'avertir de
ce dangereux artifice, fait tant enfin qu'il en donne avis à l'Amante
de fon Maiftre. Le Roy méne donc
Lelio fous les feneftres de Flaminia,
& l'oblige de l'appeller ; Lelio obeït,
& comme elle paroift à fa feneftre,
il ne luy parle qu'en tremblant : mais
il eft bien furpris d'entendre qu'elle
le rebute, & ne luy répond que comme à un homme qu'elle meprife. Le
Roy paroift fatisfait. Lelio qui ne
fçait-pas qu'Arlequin l'a avertie, l'accufe d'infidelité & eft outré ; le Roy
le veut emmener en luy difant qu'il
eft fatisfait, & que c'en eft affez ; C'en
eft affez pour vous, repond Lelio,
mais non pour moy ; enfuite, fans

plus menager rien, il fait des reproches a Flaminia ; Le Roy qui croit qu'il n'affecte de tomber dans ces emportemens, qu'afin de luy mieux prouver son innocence & celle de sa Maistresse, l'emmene.

A la fin le Roy découvre tout, & par un excés de generosité, il donne Flaminia sa Maitresse, en mariage à Lelio son Favory. On fut content de cette Piece ; Voilà tout ce que j'ay à vous en dire.

Une chose que je vais ajoûter, mais qui n'a qu'un rapport indirect à cette Comedie, c'est que je remarquáy dans les premieres Loges, des gens d'une condition distinguée, s'entretenant familierement avec d'autres qui assurément n'étoient pas en état de faire la dépense des places qu'ils occupoient ; je jugeay bien d'abord qu'il y avoit du mistere là dessous ; Je voulus le penetrer & j'en vins à bout. J'appris donc que ces gens n'étoient dans ces places, que parce qu'ils avoient affez d'intelligence de la Langue Italienne, pour expliquer aux autres ce qu'ils n'entendoient pas; s'ils vouloient parler vray, ils avouëroient fans doute que leur Italien ne leur avoit jamais procuré un fi glorieux avantage; croiriez-vous que j'en connois quelques-uns d'entr'eux, qui ont la préfomption de croire, depuis qu'ils rendent cette forte de fervice, qu'ils font des gens tres importans à l'état? quoyque je me fois trouvé en occafion de les défabufer de ce bonheur chimerique je m'en fuis bien donné de garde, tenant pour maxime, de n'avoir point la cruauté d'arracher une félicité imaginaire à ceux qui ne peuvent en avoir de réelle.

Les erreurs de l'Amour, ou Arlequin Notaire maltraité. Comedie joüée fur le Théatre du Palais Royal le 23.e May 1716. en voicy en gros le fujet.

Lelio aime Silvia & en eft aimé; & Flaminia aime Lelio qui ne l'aime

pas; elle le perfecute dans tous les en-
droits où il fe trouve avec Silvia , par
plufieurs déguifemens; enfin elle fait
tout ce que la jaloufie peut infpirer à
une femme. Arlequin paroift déguifé
en Notaire dans cette Piece , il eft
batu & rit à outrance de l'erreur où
font ceux qui le battent.

Je ne vous diray rien davantage de
cette Comedie; car outre qu'on m'a
affuré qu'elle n'en valoit pas la peine,
c'eft que je ne fuis point du nombre
de ces Spectateurs , qui portent leur
jugement fur une Piece fans avoir
été bien attentifs à fa réprefentation.

J'y fus occupé pendant tout le
cours de la Pièce , à retenir un de
mes amis qui étoit entré dans une
efpece de fureur à la veuë d'une jeune & aimable perfonne qu'il aime ,
& dont il eft aimé, qu'il vit , elle
deuxiéme de fon fexe, dans une Loge
avec un Cavalier fort bien fait,
qu'il ne connoiffoit point, & que fa
Maiftreffe paroiffoit connoiftre un

peu trop pour son repos ; il vouloit à
tout moment me quitter pour mon-
ter a cette Loge, où je croy qu'il auroit été assez fou pour oser ensan-
glanter la Scene. Enfin la Comedie
étant finie, nous fûmes ensemble à
la rencontre de cette prétenduë infi-
delle ; luy dans la resolution d'insul-
ter son rival, & moy dans le dessein
de l'en empêcher ; mais je ne fus pas
à cette peine ; car aussi-tôt que cette
aimable personne eut apperceu mon
ami, elle le montra à celuy qui l'ac-
compagnoit ; & ce jeune homme la
quittant avec précipitation, vint em-
brasser nôtre jaloux & se fit connois-
tre à luy pour le Frere de sa Maitresse,
qui étoit arrivé ce même jour d'An-
gleterre, & qui y étoit allé avant
que mon ami connût sa Sœur ; Il
vous est aisé de juger de la confusion
de nôtre Amoureux ; car pour me
vanger de la peine qu'il m'avoit donné, j'appris à sa Maitresse, & à la
Compagnie, toutes ses extravagances.

*Arlequin persécuté par la Dame invi-
sible.* Piece joüée le 25e May 1716.
sur le Théatre du Palais Royal.
On pretend qu'Hauteroche y a
puisé l'idée de son Esprit folet ; j'au-
rois cru, pour moy, que s'il l'avoit prise quelque part, s'étoit dans la Comedie de l'Esprit folet de Douville ;
mais ne peut-il pas être arrivé qu'il
l'ait tirée de luy-même ? pourquoy
vouloir, par exemple, que Corneille
& Moliere ayent travaillé leurs Piece d'après celles des Italiens ? pour
décider la dessus, je voudrois les in-
terroger, si cela étoit possible ; alors
je les en croirois, sans hesiter, sur
leurs paroles, puis qu'ils ont souvent
decouvert eux-mêmes les sources où
ils avoient puisé. La ressemblance
ne m'impose point à cet égard ; car
je suis persuadé qu'il peut venir aux
Auteurs de ce temps-cy les mêmes
veuës qu'à ceux qui les ont precedé.

Au reste le jour que cette Comedie fût représentée, j'entendis une

efpece de bon mot qui fut dit dans le
Partere a un jeune Fanfaron de ga-
lanterie, qui fe vantoit d'étre affiegé
par un grand nombre de femmes
qui en vouloient à fon cœur; mon
cher, luy dit un de fes amis, tu es per-
fecuté par les Dames qui font veritablement invifibles.

Pantalon Amant malheureux. Comedies joüée fur le Théatre du Palais Royal le 27ᵉ May 1716. en voicy à peu près le fujet.

Pantalon aime Flaminia qui ne
l'aime pas; mais comme elle eft pau-
vre, elle feint de l'aimer par le con-
feil de Scapin fon valet, lors qu'elle
a tiré de luy tout ce qu'elle a pû par
fes minauderies artificieufes, fe
voiant enfin preffée par Pantalon, elle
luy donne un rendez-vous; Pantalon va pour s'y rendre; mais Scapin
envoye plufieurs perfonnes fous dif-
ferens déguifemens qui l'amufent,
de telle forte, que l'heure du rendez-
vous fe paffe fans qu'il puiffe en pro-
fiter.

Cette Piece ressemble, il est vray,
à la Comedie des Facheux de Moliere.
Cette ressemblance me fait penser à
deux portes semblables de deux mai-
sons ; mais dont l'une faite par un
Italien, donne entrée dans differen-
tes petites chambres détachées propres à loger des Artisans ; & l'autre
faite par un François, sert d'entrée
àune enfilades d'Appartemens regu-
liers & gracieux qui prouvent l'habileté & le bon goût de celuy qui en
a esté l'Architecte ; n'oubliez-pas, je
vous prie, cette comparaison, quoy
que fort clochante, quand vous en-
tendrez dire que les modernes ont
imité les Anciens,

*Arlequin Gentilhomme suposé, &
Dueliste malgré luy.* Cette Comedie
fut representée sur le Théatre du Palais Royal le 28ᵉ May 1716. C'est de
la que Scarron a, dit-on, tiré sa Piece de Jodelet Maistre & Valet ; pour
n'en point douter, je voudrois pouvoir en venir à l'interrogation dont

je vous ay parlé. En tout cas la copie vaut affurément baucoup mieux que l'original ; je ferois même honteux de les comparer enfemble.

La Fille cruë Garçon. Comedie reprefentée le 30ᵉ May 1716. fur le Théatre du Palais Royal. C'eft, à peu-près, le Dépit amoureux de Moliere; du moin bien des gens le difent ainfi voilà tout ce que je puis vous dire de cette Piece. Il eft vray que j'eus bien du plaifir à fa reprefentation; mais les Acteurs y avoient bien moins de part que ce qui fe paffoit dans quelques Loges, ainfi que je vais vous l'apprendre.

Je vous ay dit fur la fin de l'article qui regarde *Arlequin bouffon de Cour*, en vous parlant de ceux qui fervent d'Interpretes, qu'ils ne fe flatoient que d'un bonheur imaginaire. Ce que j'ay appris aujourd'huy me fait bien changer de fentiment ; & ainfi, je vais chanter la palinodie; car il me paroift dans leur bonheur plus

D

de realité que d'imagination ; & cela
parce que ces Messieurs joüissent, à
la faveur du goût furieux où l'on
est à present pour l'Italien, de plusieurs avantages également agréables
& utiles. En effet, ils ont le droit
d'être present, quand il leur plaist,
aux toilettes des Dames, dans les
heures mêmes que les Amans les plus
favorisez ne peuvent en approcher ;
ils ont leurs places aux meilleurs tables, ne payant leurs écot que par
quelques traits Italiens dont ils assai-
sonnent les repas. Ils entrent à la Comedie & s'y placent avec la même
liberté que chez eux, sans qu'il leur
en coûte à la porte autre chose, que
d'ouvrir leur tabatiere & presenter
une prise de tabac au Portier. On
prétend même qu'ils sont pension-
naires des Comediens Italiens ; non
pas tous, au même prix, mais suivant
les dégrez d'habileté qu'ils ont pour
expliquer, particulierement aux Dames, ce qui se dit sur le Théatre, &

pour profner le Spectacle Italien.
Comme cette conduite ne s'éloigne
pas de la politique Italienne, je vous
avouë que je fuis fort porté a le croire,
& d'autant plus volontiers, que dans
le commencement d'un établiffement, il eft de la prudence, quelques
grands talens qu'on ait, de ne rien
négliger pour l'affermir.

Le jour donc qu'on joüoit *la Fille
cruë Garçon*, on me fit remarquer
deux Dames, à qui un de ces Interpretes expliquoit fans doute quelques
termes qui venoient d'être pronon-
cez, dont l'explication fembloit les
confufionner. Ce qui nous le fit croire,
c'eft que d'un côté, nous fçavions
bien que ces termes étant conçûs,
étoient veritablement propres à cau-
fer quelque allarme au beau fexe,
pour peu qu'il ait de pudeur ; & que
d'un autre côté ces Dames fe cachant
le vifage avec leur éventail, paroif-
foient dire des *ah, fi donc !* des *vous
n'y penfez pas !* des *fi le vilain !* &

autres expreſſions dont les Femmes
ſe ſervent d'ordinaire, pour ſe donner par bien ſéance des airs ſcrupu-
leux ; Je vous laiſſe à penſer combien
ces ſortes d'interpretes inventent de
ſotiſes, s'ils trouvent de la diſpoſi-
tion à les écouter.

Ces petites ſcenes de Loges & autres ſemblables donnent, je vous aſ-
ſure, de veritables Comedies aux
gens du Parterre, & qui ſont bien ſou-
vent meilleures que celles qu'on re-
preſente ſur le Théatre ; comptez que
je vous en feray part dans les Lettres
que je continuëray de vous écrire ſur
cette matiere. Je finis celle-cy en
vous promettant de vous en envoïer
une tous les mois. Il s'agira dans la
premiere que vous recevrez, des Comedies qui ont été joüées pendant
le mois de Juin 1716. & ainſi ſuc-
ceſſivement, tant que je le pourray,
& que je ſçauray qu'elles vous feront
plaiſir. Je ſuis, &c.

F I N.

LETTRES
HISTORIQUES
A M' D***
SUR LA NOUVELLE
COMEDIE ITALIENNE

Dans lefquelles il eft parlé de fon Etabliffe-
ment, du Caractere des Acteurs qui
la compofent, des Pieces qu'ils repre-
fentent jufqu'à prefent, & des Avantures qui y arrivent.

SECONDE LETTRE.

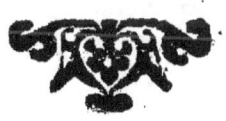

A PARIS,
Chez PIERRE PRAULT, fur le Quay
de Gêvres, du côté du Pont au
Change, au Paradis.
_____
M. DCCXVII.
AVEC PRIVILEGE DU ROY.

www.ingramcontent.com/pod-product-compliance
Lightning Source LLC
Chambersburg PA
CBHW030114230526
45469CB00005B/1638